JN418217

꽃노래

장우석

꽃노래

장우석

도서출판
디자인21

시인의 말

사랑하는 하나님께 이 시집을 바칩니다.

감사합니다.

차례

가을 시

가을이 오면 나뭇잎들이 울긋불긋 해지고
곱게 물들어 눈호강 시켜주니
아름다운 금수강산 아니온가
마을 단풍나무에 붉은 단풍잎은
우수수수수 떨어지는 고로 내 맘은 눈물바다 되고
임사랑 아니랄까봐 와르르르르
무너지는 내 마음은
그리움 강을 흐르네
가을에는 우수수수수 낙엽 지고
우리네 마음도 저물어 가니 겨울을 준비하세
마을 은행나무에 은행나뭇잎은
우수수수수 떨어지더니
땅바닥에 데구르르르 구르던 은행열매는
뽀시락 뽀시락 부서진 고로
우리네 마음 아릿하게 했구나
가을비 주룩주룩 내려 살가운 빗소리가
마음을 울리니 참 반갑지 아니한가

이 좋은 가을날에 빗소리 정겨우니 와르르르르
여러번 마음 무너지네
이런 날에는 임 사랑만 떠올리랴
나를 사랑하시는 부모님과
이웃 친구들 있지 아니한가
사랑아 사랑아 우리네 사랑아

강가

억세풀아 흔들리어
어찌 그리 가냘프느뇨.
나의 마음 애달파라.
강바람 불어와 나를 위하느뇨.
시린 가슴 끌어 안아
강가에 쉬어 가련다.
강물 위에 선
호젓한 산봉우리는
어찌 그리움 멀다 하여 우짖느뇨.
굽이치는 강물은
모진 세월 쓸어가여 위로하나니.
강물아 흘러라,
흘러 흘러 봄이련가.
봄날이련다.
꽃이 피련다.
봄을 살아 봄을 살어리.

강꽃

어화 사랑
어화 내 사랑
강꽃 수줍네.
강바람 불어와
강물결 굽이쳐
강꽃 살랑이어
어화 사랑.
강사랑 꽃밭사랑
한들한들.
강꽃 웃네.
어화둥둥
내 사랑
어여둥기
내 사랑.

강산들꽃

들이려나 들에는 들꽃.
산 속에 내비추려나,
산숲에 산유화.
시내를 흘러 다다르는 강.
강물이 굽이쳐 강꽃 사위짓하네.
바다로가 흐르는 강.
우리네 맘도 흘러 흘러.
저물으려 하는 꽃.
꽃은 피고 지고 이제는 저물어 가더니
흙밭에 내던지네.
자신의 마음인 고로,
어둑해져 가는 밤.
저녁 노을은 설움을 삼키고
이제는 가야하네.
저물어 가는 꽃과 삶의 아픔까지도.
저물어 가는 꽃의 생.
아니 슬픔이려나.
꽃은 피고 꽃은 지니 아니 왠가.
그리움 강을 흐르네.

구름은 유유히
강은 굽이쳐,
바다로 흐르는 맘 어찌 섭우가.
꽃이 흐드러지면 활짝 웃는 마음.
찾아 오는 봄.
지저귀는 새들과 나그네의 발걸음까지도
이 어찌 반가웁지 아니한가.
꽃이 흐드러지면 신이 나는 개구쟁이들.
어린아이들은 꽃밭을 뛰놀아
우리네 마음은 덩실덩실 춤을 추네.
아름다운 꽃.
꽃은 피어나 곁에 머물러 내비추는 맘.
흘러 흘러 구름을 흐르네.
흘러 흘러 강을 흐르네.
산과 들에 강에 꽃은 흐드러져
꽃들 한아름 품으면
벅차오르는 마음 사랑하는 마음.
꽃은 흐드러져 널리널리,
사랑하는 마음 널리널리.

강이 흐르는 이곳

강의 물살은 어디가 급한지
그리 바삐도 흐르느뇨.
강굽이쳐 맞닿은 산,
그 호젓한 산봉우리에
푸른하늘 남실대어 이끄는 마음.
헤아릴바 없이 그리움이러라.
강바람 세차게 몰아쳐
망망대해의 설움 와닿고도,
그를 목전에 두어 이제 알지 못했으니
아려오는 가슴이러라.
바라오니,
봄을 깨닳아
강이 흐르는 이곳을 그리워 하여라.

개나리꽃 진달래꽃

봄바람 쉽게 불어와 꽃이더니
아 나의 고향일까.
개나리 꽃밭에 섰더니 그 노랑꽃은
만개하여 빛났고,
푸른하늘과 장난치듯이
개구지기도 했던 작은 아이야.
고맙게도 꽃망울을 터뜨렸구나.
봄바람 쉽게 불어와 꽃이더니
아 나의 그리움일까.
산 숲일까 들일까.
조금만 가보면 길가에라도 꽃피워
진달래꽃을 불렀겠지.
그러하니 꽃을 내어주던 착한 아이야.
고맙게도 나는 꽃을 취하였구나.

겨울바다

파도 소리 아른거리고
바닷바람은 세차게 불어 오노라니,
알 길 없이 그리움 이러라.
아득하니 쫓으려 했어라.

고운 하늘

고운 하늘에 꽃이 폈네.
좋은날이랴 여쭈었더니
그저 묵묵히 나를 내려다 보시네.
구름들 유유히 떠다니시네.
고운 하늘 가릴까봐
투명한 마음으로 바라시네.
먼 산에 맞닿아 고우실까.
푸른 초원을 달리시네.
바람이 되어 쫓고파
영혼은 나래를 꿈꾸었네.
고운 하늘은 이 맘 아실까,
먼 길을 걸으시네.
나 라는 사람 내려 놓고
품에 안겨 쉬라 하시네.

광야의 꽃

떠오르는 해와 비추여진 나의 혼신이여
광야에서 나는 울었다.
스치우는 바람,
아니라 휩쓸리는 나의 영혼이었나.
이곳에는 나의 빈 자리만 남아,
풀 한포기조차 쉽지 않은
광야의 척박한 땅에 무릎 꿇었으리라.
나는 그러했으리라.
광야의 자욱한 먼지를 코로 마시며
입으로는 삼켰도다.
갈증으로 타들어가는 혀와
속으로 내뱉어야할 참담한 심정은
한줌의 티끌도 돌아 보게 하는가 나여.
나의 삶은 이렇게도 나를
척박하고 적막하게 하여
심중이 곤하고 피곤하다.

광야는 침묵하여 고요했다.
광야에서 나는 어찌 울었나.
메마른 바람 불어 오더니
광야에 흘리우는 나의 눈물보다 모질었던가.
이 맘에 설움으로도 모자라
그보다 더한 육신의 한은
광야에서 잠이 들려하는 설움과
그간의 아픔 그리고 사랑이리라.
하지만 허락치 않는 끝없고도
영원한 사랑이었으니,
사랑과 헌신은 광야의 무덤에서
꽃으로 피어나 나를 건져내었노라.
광야의 꽃은 영원하리라.

광야

척박하고 적막한 심중으로 헤메어
나는 광야였나.
광대하신 이는 광야를 지으셨고
나는 광야에 섰다.
불어 오는 광야의 먼지 바람
쓸쓸히 저며와 나는 고독했나.
광야의 끝이 보이지 않는 길을
걷고 걸어 다다른 해후.
광야의 먼지 바람 부는데,
먼 길 좇으려 했나.
아득한 광야는 나의 역사를 비추인다.
무변하신 이는 광야를 지으셨고
나는 광야를 걸었다.
풀 한포기조차도 쉽지 않은
척박한 광야에 나는 슬어지는가.
먼 곳은 그리움이라 광야에선
이루 말할 수 없었으니.
하나님께서 나를 살피시어 지키셨다.
광야에서 그의 사랑을 알았노라.
광야여 나는 사랑하는가.

귀뚜라미

찌르르 찌르르 귀뚜라미 우는 소리
새벽에 청명하다.
가을 새벽 한편에서
가을의 동화를 들리우는 귀뚜라미는
캄캄한 새벽을 다독여주려나.
귀뚜라미는 울어 새벽을 깨우는 기쁨이려나.
밝아 오는 여명을 마주하여
이제는 잠이 드려 했나 우는 귀뚜라미는.
긴 밤을 놓지 못한 나는
아직도 잠이 들지 못했건만.

금계국 꽃피우신 하나님

하나님
금바람 부르시어
별꽃을 만개하시었네.
금실로 엮은 보배라
금밭을 일구신 은혜여라.
꽃길 열어 배웅하시노라.
나는 꽃을 살아 꽃을 살어리.
하나님
고운 맘 값지어라.
금계국 한아름
꽃피우시어
꽃을 뛰놀아 꽃밭을 뛰놀겠네 그러하겠네.
꽃사랑
한들한들
꽃바람
산들산들
나는 속절 없어라 꽃은 사위짓하네.
하나님
내 맘에 오시어 꽃맘이려나.
금꽃 한아름 안아 드리리.
이 소원 하늘에 닿으리.

길

반도의 외진 길은 그리워 오질 않네.
산기슭 따라 머문 길을 걸어
서늘한 봄바람 불어와 설웁고도 애달프구나.
응달 그득한 이 길에는 아직도 꽃이 피지 않았네.
꽃봉오리 맺은 꽃들 언제 꽃피울까.
아직은 멀기만 할지.
외진 길을 찾는 이 적네.
시내가 흐르고 풀향기 그득한
산숲인 이곳에는 꽃이 피겠네.
지금은 이른 봄이어라.
반도의 외진 길은 오지 않았네.
그리워 꽃이름 불러 보았을까.
길가에 풀밭에는 마음 내비추어 서분했을지.
그리운 길은 오지 않았네.

꽃노래

꽃이 피고 꽃이 지네
흐드러져 꽃일련가.
낮이고저 밤이고저
해를 헤어 별들 헤어
오시어 오시어라
꽃들 헤어 꽃일련가.
꽃을 불러 꽃사랑이여
햇볕으로 적삼하여
흙밭에는 무릇 되니
꽃을 피워 꽃일련가
꽃밭으로 일구련다
나비 날아 방긋 웃어
새들 날아 우러르니
기다리는 봄일련가.
계절 따라 살아가여
계절 따라 비 내리어
이슬 맺어 눈물 짓나
꽃이 슬퍼 눈물 짓나
애처로운 꽃마음이여

낮이고저 밤이고저
꽃을 살아 꽃일련가.
꽃을 보면 꽃사랑 하여
임을 만나 임사랑 이여
벗을 삼아 우정이라
어버이는 은혜여라
바다보다 깊은 사랑
하늘보다 높은 은혜
아니 왜 꿈일런가.
꽃은 오시어 오시어라
사랑하는 내 맘이여
꽃노래를 부르련다
곱디 고운 사랑이여.

꽃무리

꽃무리
꽃은 흐드러져
한아름 안아 드리는 마음.
나는 사랑이려나.
곱디 고운 꽃을
안아 드리리.
한아름 떠다
하늘에 드리오리.
비가 오면 설운 맘,
눈이 오면 모진 맘.
이 또한 떨쳐내리,
고운 꽃무리 이려나.
하늘에 바치오네.
고운 꽃송이
이어 받아 꽃무리 펼치오네.
꽃을 심어 꽃을 내어
한아름 안아 드리리.
꽃마음 꽃이름으로
기도하리.
꽃을 살아가리.

꽃의 춤

꽃이 춤을 추네.
바람에야 흔들렸겠거니
그 맘 어쩔까.
꽃이여.
바람 불어와 설레는 맘.
꽃이야 모를까,
꽃이 반가워하네.
피고 지는 꽃은
지금은 흐드러졌네.
모두 기뻐 즐거워하네.
꽃이 아름다와라.
꽃이 춤을 추면
저 하늘에서
비라도 내릴까.
이 땅의 고운 맘에
꽃이 피었네.
꽃맘 일까.

나의 하나님

시냇물에 비친 푸른하늘에는
물기 묻어나,
금방이라도 눈물방울
왈칵 쏟아 내려 했을지.
아른거리는 나의 얼굴은
시냇물에
푸른하늘에
내 마음 속에도
그리움기만 했나 봅니다.
삶이 지치고 힘들지라도,
들꽃같은 사랑으로
나를 보듬어 주시는 분.
지팡이가 되어
반석이 되어
버팀목이 되어,
끝없는 사랑으로
나를 보살펴주시는 분 계십니다.
세상의 모진 풍파 험할지라도.
광야의 먼 길 걸을지라도.
어두운 사망의 골짜기를 지날지라도.
그 크신 사랑으로
나를 지켜주시는 분.

나의 하나님.

시냇물에 비추여진
그리운 내 얼굴,
잃어가는 나의 모습.
설웁었을지,
눈물 뚝뚝 흘리우면
애잔한 사랑은 파문을 그리옵고,
아 사랑의 바다는 넘쳐나
나의 마음에 차올랐습니다.
은혜와 축복의 파랑새는
나를 위로하시어
슬픔 가리우셨습니다.

넥타이

갈매기 섧게 우는 바다,
넘실대는 파도를 유영하는
유년의 마음이여.
바다는 곱고도 섧어라.
그러고도 신비하여라.

노스텔지아

먼 곳의 노스텔지아여,
이곳의 슬픔마저도 당신은 보듬어 주려 했나.
하지만 먼 노스텔지아여,
이곳에 부는 바람은 당신이 가련하다.
노스텔지아여,
태양은 당신에 머무르고 별들이 해후하는가.
기도하는 노스텔지아여,
향수는 자유와 평화를 소망한다.
노스텔지아여,
당신을 사랑하여 그리움인가,
먼 곳에 머물렀다.

누나야

누나야 어디가,
나물 캐러 간다.
누나야 어디가,
시내 놀러 간다.
누나야 어디가,
집에 간다.
누나야 누나야,
누나가 시집 간다.
누나 얼굴에 웃음꽃 피면
아이는 따라 웃는다.
누나야 누나야,
행복하라.

눈꽃아이

흰 눈꽃같은 아이야.
흰 눈이 펄펄 나리면
너는 기뻐 방긋 웃는구나.
눈꽃아이야,
해맑은 너의 웃음을 보니 참 정다와라.
너는 고사리같은 손으로 눈사람을 만들어
눈 코 입을 지어 주는구나.
귀한 아이야,
흰 눈이 펄펄 나려 좋아라.
너의 맑은 두 눈망울은 우정으로 빛난다.
사랑하는 아이야,
눈꽃처럼 새하얀 고운 마음의 아이야.
우리는 마음 따뜻하고 포근하구나.

달 사랑가

내 사랑아 고운 달에 그리웁구나
임 얼굴이 어려 은구슬 구르네
달이 환하고 밝구나
어제도 저제도 보고싶은 내맘을 임은 아시려나
꽃이야 별이야 달이야 고운 임이야
사랑아 사랑아 내 사랑아.

달님과 달님의 꽃들

달빛이 데구르 구르니 꽃들은 봄이느뇨
달밤에 환한 달님의 꽃들은 별님 되느뇨
바라노니 바라노니
달님에 환한 얼굴 그리워 바라노니
달님을 마주 하자 다 함께 보러 가자
꽃들도 보자 다 함께 보러 가자
달님의 꽃은 달빛이 데구르 구르네
데구르 데구르 데구르르
달님의 꽃들은 별님 되느뇨 신비느뇨
달밤에 환한 달님은 둥실둥실 하네.

달빛 사랑가

달밤에 달은 휘영청하더니 달빛 머무르네
은구슬 구르네 풀잎에 두 눈가에 달빛에 구르네
그리움이 이 맘 적시우는구나 서러이 여울지네
달빛은 보듬어 주네
어찌하나 이 맘 고운 달빛만 처량하더니
애달프고 애달프다 내 사랑아.

들국화 노래

이 내 맘에 오시려나
꽃은 피시어 만개하시어
가을날에 꽃이려나.
고운 얼굴 내비추어
이 내 맘에 꽃이 피어
꽃을 살아 꽃향기는 어려오니
속절없는 가슴이여.
벅차올라 아름다워
애태워라 꽃을 불러
어여쁜 꽃 한아름이어
내 마음을 보듬으시어.
수줍어라 꽃마음이어
이 내 맘도 매한가지어
홍조를 띄어 가을날이어
홍빛으로 물들어 가여.
꽃은 피시어 오라 하시어
고운 마음 내비추시어
한들한들 사랑이련가
꽃사랑이어 이 내맘이어.

들에 핀 백합화

들에 핀 백합화여,
진주보다 귀하다.
가냘픈 꽃에 기대어
이 마음은 어디였나.
들에 핀 백합화를
기다리는 마음은 설웁기만 하다.
그리움인가 사랑인가,
먼 곳의 백합화라.
꽃의 마음은
금실로 엮은 보배구나.
들에 핀 백합화의 향기는
멀기만해 와닿지 않는다.
다만 들에 핀 백합화여,
아련했으니 꿈이던가.

멍멍개야

동네마을 아이들 뛰놀면
좋아 방방 뛰는 멍멍개야 멍멍 짖는구나
동네마을 고양이랑 옥신각신하다 멍멍 짖으니
고양이 사나운 소리 카랑카랑하니 들리우고
동네마을 이리 들썩 저리 들썩 하는 멍멍개는
사뿐히 쉴틈 없이
꼬랑데기를 흔들흔들거려
이 반가워 저 반가워 하는구나
멍멍개야 이리 온나
낮에는 꽃 보러 놀러 가자
밤에는 달 보러 놀러 가자
멍멍개야 멍멍 짖어 좋다하는구나

몽중

깊은 밤의 몽중,
밤바람 불어와 흐느끼나니
막다른 길 나의 마음은 고적하여
강물에 해적이노라.
야밤에 나의 심중은 곤하였고
자신을 책망하여 이르되,
화있을진저 새벽은 오라 하는가.
상심을 깨우쳐
나는 늪에 빠진 사람이오.
절망이 범접하여 시름 앓았노라.
허나 새벽녘에는 밝아오는 여명.
해는 떠올라 나를 비추여
삶은 오라 하는가.
희망으로 벅차오르는 광경.
아 빛의 사자여.

물

산과 들에
시내가 흘러
아이들의 것이 되었다.
비는 내리더니
그 빗방울 소리가
아름답게도 귀를 울렸나 보다.
물의 품에
보듬겼더니 떨림이었을까,
나는 벅차올라 춤을 추더라.
잔잔히 흐르는 강물이 울렁인다.
강의 수면 위로
생명이 튀어 올라 적막을 깼다.
흐르는 시냇물을
한아름 떠다
푸른하늘을 그렸다.
그 소원 꽃을 피울까.

민들레 노래

풀밭에 핀 민들레야
고운 엄마 닮았느뇨
방그시 웃으시어
고요한 땅
고이 적삼하여 뿌리 내려
숭고한 사랑이어
꽃이름이어
이렇게도 어려올까.
꽃 저물어야 애태우제
별들도 애태우제
해야 새벽녘에야 떠오르제.
잔잔하여 사랑이어
애잔하여 모정이어
봄바람은 살랑이어
아련하여 봄을 보듬어
꽃이름이여 불러보제.
풀밭에는 꽃이련가

슬픔 보듬으시어

사랑 꽃피웠노니.

기적이제

잉태로 산고하여.

봄꽃이어 어려오느뇨

환하게도 웃으노니

이 내 맘이여 애틋하련가

이렇게도 가까우니

꽃이련가 헤아리제

끝없이도 영원 하여

아름다운 은혜여 사랑하시어.

바다

파도를 넘고 너머 다다른 섬이 섧다.
바다에 누워 무더운 태양을 쬐면 아니다를까.
어딘가로 흘러가야만 했어라.
바다의 마음은 끝없이 넓어라.
바다의 은혜는 하늘만큼 높아라.
바다는 잔잔하나 때로는 거친파도 몰아친다.
그러면 바다가 춤을 춘다.
바다는 침묵하더니 지금은 그러지 않네.
그러지 아니하네.

반딧불이

반딧불이는 꼬랑데기에 초롱불 적삼하여
야밤을 너울대어라.
불빛의 찬란한 생애,
신록의 바다를 항해하는 선원이 고달파라.
고단한 날갯짓 쉬어가려 하더니
고적하고 서분하여 깊어만 가는 밤.
밤의 정원을 노니는 불빛을 찬사하여
반딧불이의 혼신은 나의 영을 밝히어라.
투신하는 불빛은 궤적을 그려라.

벗

달밤에 달님
휘영청 환하더니 벗이랴.
달빛 내 맘에
데구르 구르네.
달무리 넘실대어
그리움이랴.
어제나 저제나
보고 싶은 벗이려나.

별빛

별빛은 나의 슬픔 되는 향수.
사랑이여,
나의 안부를 물어 봐주렴.
별빛은 나의 슬픔 되는 고백.
낭만이여,
나는 사랑을 하는가.
이 밤에 별빛은 수줍고 설레어
나의 마음 아릿한데,
별빛이여,
이 밤에는 누구를 위하여
그리 아름답게도 빛나는가.
별빛이여,
누군가를 위해 빛나려 하더니
사랑을 하고 이별을 하고,
그로 아파하는 이를 위로하며
새벽녘에는 종적을 감춘다.
별빛은 작별하여 슬픔마저 앗아간다.

봄길

봄꽃 아득하리만치 꽃피워
봄길 걸었나 보다.
진달래 개나리 민들레 의꽃들 만개하여
코끝에 꽃향기 아릿하게 스미웠네.
이내 모질지 못한 서러운 가슴,
아렴풋이 저며왔나 보다.
아련하여라.
사랑하기도 모자란 아쉬운 나날들 시련으로
버려졌는데.
봄길을 걸어 지난 아픔 잊으려 했을까.
이 또한 지나가려 하니 시련의 나날들은 흩어졌
어라.
봄은 이렇게도 가까이와
나의 어깨 토닥이어 마음 따뜻했구나.
봄길 걸으면 봄은 이만치 와닿아 봄햇살 내리쬐어
따사로운 봄바람까지도 불어와 속살거렸구나.
나는 아이처럼 뛰놀아 아득하리만치
먼 봄길 쫓으려 했구나.
봄길을 달렸구나.

봄은 오셨나요

사랑을 합니다.
길가의 작은 꽃을 보며 마음은 포근해지고,
길고양이의 사뿐 걸음에 눈길이 갑니다.
멍멍개는 꼬랑데기를 흔들며 주인을 반겨주고,
새들은 하늘을 납니다.
봄은 따스했고,
봄비는 단비로 내립니다.
사랑합니다.
꽃나비의 작은 날갯짓에 설렜던 맘은 어찌 할까요.
개울가의 피리는 물살을 가르며 헤엄칩니다.
논두렁에 움머소는 풀을 뜯습니다.
봄날에 꽃들은 활짝 피었습니다.
별무리는 아름답게 밤하늘을 수놓았습니다.
추억으로 그리웁던 이 마음은 봄일까요.
사랑을 하던 봄이던가요.
아아 봄은 오셨나봐요.

불빛들

아른거리는 불빛들을 쫓아
그 색채에 물들면
아릿한 가슴,
추억으로 화답하려 하네.
아득하니 드리워
이 밤을 꽃피우려 하네.

사랑가

사랑 사랑 사랑하는 내 고운 사랑이야
혹여나 고운 얼굴 잊을까 놓지 못해
두 손 꼭 잡고 얼굴만 바라 보는 사랑이야
사랑하는 내 고운 사랑이야
누렁소야 멍멍개야 고양이야 나들이 한다
꽃밭에는 나비 날아들고
푸른하늘 뭉게구름은 둥실둥실
꽃길 걷는 임은 사랑이야 내 고운 사랑이야
어여둥기 임을 업고 놀면은 어찌 그리 좋을까
사랑이야 사랑 사랑 사랑하는 내 고운 사랑이야
봄비라도 내리면 임의 눈망울에 이슬방울 맺으려나
어화둥둥하니 웃음 짓는 임 얼굴은
내 행복이야 고운 임이야 사랑이야
임과 살면은 초막살이라도 좋아라
임 얼굴 환하니 내 맘도 환하구나
사랑이야 이 맘은 사랑이야.

사랑의 시와 노래

사랑, 아 사랑이어라.
푸른하늘 아래 움트는 가을.
사랑의 시와 노래로 이 좋은 가을을 찬미하네.
사랑, 아 사랑이어라.
하나님의 그 크신 사랑에 감사드리는 아름다운
가을날.
사랑의 시와 노래를 꽃으로 바치네.
사랑, 아 사랑이어라.
아름다운 이 가을에 사랑의 시와 노래 꽃피우네.
이 좋은 계절에 사랑하지 않을수 있으려나.

사랑이야

어여둥기 내 사랑이야
봄볕 아래에 나들이 하며
두 손 꼭 잡고
걸어 가자 꾸나
내 사랑은 임이야
달밤에 그리워 편지 띄워 보는
보고 싶은 사랑이야.
날씨 화창한 날에
임 찾아 설렌 길은
멍멍개가 꼬랑데기 흔들어 반기며
봄꽃 만개한 꽃밭에 나비는
살랑살랑 거려 봄을 쫓는구나
생각나는 임은 사랑이야
꽃길 걷길 바라는 사랑이야.
사랑하는 임아
수줍은 임 얼굴에
이 마음은 사랑 꽃피우는구나
어화둥둥 내 사랑이야
내 사랑은 임 뿐이야 내 사랑이야.

산들바람

저 멀리 아득한 꿈이여.
오라,
바람 불어오면 나는 뛰놀아
그의 품에 안기겠네.

새벽닭

새벽에 닭이 홰치는 소리 어찌 들리우지 아니하랴.
아니 그리우려나.
아침해가 떠오르는 먼 산기슭에
경종은 울려퍼지고 산새들 지저귀더니.
이를 속량하다시피 하여
아릿한 가슴으로 울었나 새벽닭은,
새벽녘에는 목을 드리워 별을 쪼아 삼켰나니.
아른아침에는 해를 쪼는 새야,
긴 밤을 속히 둘러 메어
아침바람 불어 오면 그 은혜에 고이 감추이련다.

새벽

자정을 넘어 새벽을 지새우는 시간은
무겁고도 적막하다.
이는 나의 속죄의 시간이라.
암울한 자화상에 빗대어
새벽을 지새우는 나의 성찰이여.
그 물어 무엇하리오 나의 바람과 희망은
먼 동이 트므로였으니,
아직 소멸치 않는다 하는가.
새벽바람 앞에 슬어지고 무뎌져
나를 변명하였더니 이제야 알았을까.
생애에 들려 오는 새벽의 메아리를.
어둡고도 깊은 새벽,
나의 혼신은 불빛들의 삼라만상을
누비어 과거도 미래도 나의 것이었거늘
지금은 그러하지 못하다.
바야흐로 저며오는 애상.
메마르고 목말라 여위어가는 나의 영혼은
새벽이 속히 지나가기를 바라는구나.

멀기만한 나의 그리움을 목전에 두어
나의 상실은 무엇으로부터 이던가.
새벽을 지나 새벽녘의 하늘을 보았노라.
먼 곳에서 해가 떠오르나 이곳에는 보이지 않아
나는 동경과 설움으로 이곳에 놓였구나.
나의 육신은 태양을 바랐고,
잃어가는 별들 아래 지상에 섰더니 보았노라
별들의 찬란을
나의 생애에 빛나던 추억들과 사랑을.
하지만 슬어지는 나의 육신이여 바라건대
나의 영혼과 어머니를 위해 이제 기도해달라.
나의 곤하고 약한 심중에 강이 흐르면
은구슬 뚝뚝 흘러워 애잔한 사랑이라.

섬

갈매기 울어 바다는 섧어라.
멀기만한 섬의 길.
넘실대는 파도를 너머 동경하는가.
오래도록 묵상하여.
바다의 노래는 섧어라.
기쁘고 환희로 가득찬 마음이었으니,
섬의 가쁘고도 벅찬 생애를 보라.
파도소리 귓전에 아른거리는
섬이 그리워라.

소나기

소낙비 그치려나.
아릿한 마음,
푸른하늘 고이 적삼하여
풀잎 위에 데구르 구르련다.

수월가

달빛은 그리워 하니
바다는 노랠 불러라
바닷바람 불어와 황량 하오니
달빛 보듬어
바다가 그리웁네
내사랑 어디느뇨
바다 너머느뇨
달빛 너머느뇨
그리워 달아 부르니
휘영청 둥근달아
말 없이 묵묵하느뇨
달은 달무리를 그리어
달빛 바람에
눈물만 적시워 설웁을까
달빛은 그리워 하니
바다는 노랠 불러라
바닷바람 불어와 황량 하오니

달빛 보듬어
내 님이 그리웁네
내사랑 어디느뇨
바다 너머느뇨
달빛 너머느뇨
정처 없는 바람아 부탁하노니
님 만나거들랑
내사랑 전해 주시여
바다 그리워
고운 달빛만 처량할까

습작

봄을 습작하는 나의 심사는
꽃을 동경함과
봄바람은 설레이고도 아득하여
그리워함이니,
지금은 어디 였나.
강굽이 치는 길목에 서서
찬바람 맞대어 먼 곳을 보라 했으니,
하늘이었나 땅이었나.
발 붙이고 사는 이곳.
봄을 살아가여 이루는 아직은 먼 상사화라.

시냇가

시냇물에 임 얼굴 어린다면,
하마, 곱고 맑은 푸른하늘이겠지요.
시냇가에 들꽃이 자라난다면,
그 꽃으로는
아련하게 와닿은
임의 사랑일 것입니다.
졸졸졸 흐르는 시냇물에
발을 담궈 보았다면,
그 수면 위에 떨어진 눈물방울은
우리의 이별일 것입니다.
사랑했습니다.
사랑을 받았지요.
시냇물이 흘러 우리의 만남도 이별도
모두 지나갑니다.
이 모든 것이 아득할 즈음에
저는 임을 놓겠지요.

애향가

강원도 경기도 충청남도 충청북도
전라북도 전라남도 경상남도 경상북도
산골마을 들마을 강마을 모두 모여
어화둥둥 모두 모여 둥실둥실 방실방실
산 들 강 바다에선 아이들 놀고
어머니는 빨래를 하고 아버지는 흙밭을 일구시네
땀방울 흘리어 수고하시네
어화둥둥 가가호호 가족 모여 방실방실
꽃밭에는 꽃나비가 살랑살랑 팔랑팔랑
움머소는 움머 울어 멍멍개는 멍멍 짖어
고양이는 야옹 울어 참새는 짹짹 까치는 까까까
어허야 꽃도 보고 어허야 별도 보세
함께 노세 함께 살아가세 다 함께 꽃길 걸어가세
방긋방긋 방실방실 가가호호 하하호호
어허야 어허야 둥실둥실 두둥실
둥실둥실 방실방실 어여둥기 어화둥둥
산들산들 한들한들 살랑살랑 팔랑팔랑
우수수수수 우르르르르 데구르르르 와르르르르
어영차 영차 어영차 영차
두둥실 두둥실 둥실둥실 두둥실.

야옹아

야옹아 부르면 야옹이는 사푼사푼 걸어와
사푼 앉아 몽실몽실 앞발로 툭툭 치니
사푼이 앉은 나도 마음 설레어 눈인사 찡긋 하고
야옹이는 눈인사 지긋 하네
야옹이는 고로롱 고로롱 거려 달콤살콤
내 맘은 알콩달콩하다
야옹이가 좋다구나 나도 좋다구나

어머니

이 밤에는 별들이 아득하니
흐드러졌습니다.
어머니 저는 바라오니.
별들의 밤을 걸으면
별들은 숭고하게도
어머니의 사랑을 찬미하여 위하렵니다.

여름날

오색빛깔 찬란한 보석과도 같은
여름날을 살아가노라니.
이토록 빛나여 사무치는가,
아릿한 가슴으로
눈부신 계절을 살아가는 낭만아.
추억으로 만개하였더니
어찌하여 저며오는 마음이었나.
지난 날들이 그리워라.

여름날에 동경

새들의 날갯짓은
고적히 내리는 비 해적이어
설움 토해내고,
그 시린가슴으로
여름날을 쫓는 동경은 사무치는가.

여름날에 춘몽

무릇
아침에 내리는 비는 고적하여
이 마음에 쓸쓸한 고로,
그를 해적이어 찾은 심상.
봄날을 떠올리련가.
꽃들 만개한 이곳에 거닐던 봄,
이제는 빗 속을 애태워
지친 발걸음을 쉬어 가련다.
여름날에 안락함은
봄을 그리워 함이니.
비는 계속 내리고
나의 심중은 꿈을 꾸는 듯 하여
깨닳아 헤아리는 봄.
꽃을 피우고도 애틋하여
여름날에 춘몽이련가.

예수님

예수님,
저는 구주의 사랑으로 구원의 길을 걷습니다.
때론 광야를 걸었지요.
가슴 저며와 예수님을 불렀습니다.
찬 바람 불어와 저를 시련으로 내몰지라도
예수님이 계시기에 그러하지 못했습니다.
예수님,
온전치 못한 육신은 기도할 곳을 찾으며,
저의 마음은 예수님을 사랑했습니다.
시련을 겪어 혼자이지 않았습니다.
위로해주시어 사랑하는 분들 계셨지요.
예수님의 사랑이 와닿아 저의 마음은
기쁨으로 벅차올랐습니다.
예수님,
툰드라의 빛이 범람하듯
유브라데스의 강이 찬란히 물결치듯 사랑하여.
밤하늘 별들 아래에 서면 저의 고백은
예수님을 위하렵니다.
그러면 예수님의 아름다운 사랑이 이토록 와닿아
저의 마음은 기쁨으로 차올랐습니다.

예수님,

구주 되시는 예수님을 만나

구원받은 삶을 살 수 있게 됨을 감사합니다.

온유하고 겸손하신 예수님을 만나

저를 헤아려

저의 삶에 예수님의 향기를 고이 드리웠습니다.

예수님의 사랑이 저에게 머물렀습니다.

예찬 미완

풀밭으로가 잎사귀에 맺힌
이슬방울을 보아 와닿는바
어찌 그리도 고왔을까.
이제는 추억들을 머금고
고운 햇살에 잊혀져 가더니
가슴 속에 남아 사랑으로 위하였구나.
무화과열매를 먹으므로 나는
사랑을 받았다 하였노라.
무화과나무는 곤궁에 처한 나에
열매를 내어 베풀었고
위로를 받은 나의 마음은
찬미 하는구나.
먼 산 너머로 저물어 가는
노을이 찬란하여
나의 마음은 감동하였노라.
노을의 따스한 온기는
나를 보듬어 주어
나의 마음은 평안을 얻었구나.

길가에 한송이 들꽃을 보아도
그냥 지나칠수 없음은
꽃의 슬픔 아니라
묻어 나는 향기였노라.
하물며 꽃이 입은 영광으로
말미암아 기도하는바
나에게 와닿은 기쁨이라.
밤이 오고 밤하늘에 무수히 빛나는
별들을 보아 아름다워라.
이르되 보배라 들에 핀 백합화라.

오르막길

길을 오르는 나의 심사여,
아른거리는 이 길의 끝자락에서
나의 심중은 무겁고 곤하여
지친 발걸음은 몽중.
끝없이 걸어온 삶의 길은
회한으로 얼룩져 설움이외다.
어둔 밤의 골목길에서
길을 오르는 아득한 발자취는
나를 속량하여,
바야흐로 지금 걷는 이 길을 벗어나면
찬란한 불빛들을 마주하고서
이 밤과 해후하려 하외다.

우정

사랑의 바다 남실대면
아득한 동방의 나라,
나는 고향의 풀밭에 몸을 뉘어
푸른하늘에 안겼고,
사무치는 봄바람.
꽃과 실랑이더니
나의 우정 어디였나.
실개천 따라 들 따라 나는
꽃 한아름 품어 안고 꿈을 꾸노라.
하지만 이토록 멀기만 하여라.
나와는 먼 소년이여.
눈가에는 우정 머물렀고
꽃이 고운 이슬방울을 떨구듯,
시린가슴으로 별들을 삼킨다.

일출

동녘에 떠오르는 해를 보아
지난 밤은 너무도
가슴 아픈 사연들로 별을 헤어,
지금은 설움과 슬픔과
그 아릿한 가슴으로 아침을 맞이 했으나,
나의 피와 살은 양분을 얻고.
이 자리에 서서
따뜻하게 감싸주는 해를 마주 하여
온기를 얻은 나의 육신은
쉼을 얻었나니.
기쁨으로부터 오는 환희를 보노라.
사무치는 나의 청춘 막연한
어둠을 헤치고,
저 먼 산기슭 너머로
떠오르는 해를 보노라니,
이제는 그를 가슴에 묻고
나의 삶을 목전에 두어
메마르고 황량하지 아니하노라.

떠오르는 해와 같이 바라는바,
나의 혼신을 비추여
밝아 오는 마음을 다짐하여
앞 일을 속량하는가.
나의 영혼을 위하건대.

이월

겨울을 지나
봄의 아침을 맞이할지니,
봄을 이토록 기다려
아 봄꽃의 개화는 춘몽이어라.
아릿하고도 감동적인 봄은
오고야 말것이니.
이월 초순,
봄을 기다리는 마음은
애틋하여라.

자전거

자전거를 달리다 맛닿은
바람을 안아 보겠지.
그러다 그 길 멈춰서면 아지랑이 되어
흩어지는 시간들 서러웠을지.
흐릿한 기억은 가슴 아릿하기도 했나 보다.
나라도 보듬으면 아련해져 오는 풍경들
그리워 하여라.
그 풍경 그 길에는
자전거를 달리던 추억만 남아
이제는 그를 쫓으려나.
저 멀리 저무는 노을 끌어 안아
어린 시절의 꿈 부풀었지.
집으로 가는 길에는
어린 마음 미어지기라도 했을까.

자정

자정을 향해가는 밤은
어둡고도 적막하여 애석하였나.
이 밤은 우는 고로
처량하다 말 다 못할까.
심중을 헤아려 깨닳는가 하여
설웁고도 아득한 이 밤이려 할까.
밤은 자정으로 깊어만 가는데,
어찌하여 내일을 목전에 두고도
오늘 하루를 쉬이 넘어가지 않으려나.
이같이 애석한 밤을
속량하다시피 하여
내일 오라 하는가.

잠 못 드는 밤

자정의 시각이 되고도
잠 못 드는 나를 아득하니 마주하여
이 밤을 헤아리려 했다.
밖은 찬 바람 불어와 몹시도 춥고,
나의 마음은 그를 닮아가 겨울이려나.
따뜻한 방 안의 이부자리에 누워서도
잠이 들지 못하는 나의 동경은,
아 겨울밤의 심미라.
잠 못 드는 밤에는
그립고도 그리움 이러라.
나에게로 찾아드는 별들의 겨울은
이 밤의 꿈이어라.

장미

꽃은 내비추어 마음 멀다 하는가.
꽃향기 아렴풋이 와닿고도
가시를 찌르는 설움이었으니,
꽃에 다다르는 손길 어찌 두렵지 아니하랴.
실로 아득하니 꽃피워 섧어라.
꽃의 아름다운 자태에는
눈이 멀고도 애석하다.
그를 헤아려 꽃을 위하는바 되었으니,
꽃의 처량함인즉슨 나는 애태움이어라.
바라여 꽃은 가시를 찔러 내비추어
마음 멀다 하여라.
그러하나 꽃의 곱고도 섧은 생을
한탄하여 나를 위하려는가.
장미가 꽃을 피워 만개하는 일은
어찌나 찬란하랴.

제비 노래

처마 밑에 제비둥지에는
어미 제비 지지배배 아비 제비 지지배배
아가 제비 지지배배 제비 가족 지지배배 지저귀니
마당에 개가 듣고 멍멍
담벼락에 고양이가 듣고 야옹
이웃에 사는 참새가 듣고 짹짹
그 옆집 사는 까치가 듣고 까까까
우리집에 사는 내가 듣고 아쿠 좋다
내가 제비랑 처마 밑에 살아.

진달래꽃

진달래야 꽃이야.
꽃피우는 사랑이련다 고운 사랑이련다.
한아름 꽃이 되어 사랑을 노래하련다.
고향이 그리워 부르련다.
아름다운 꽃이련다.
가슴 속에 여울지련다.

짝꿍

여인의 마음은
고운 향기이려나.
남자는 여인의 마음을
갈무리 했으리.
여인의 마음은
고운 바람이려나.
남자의 마음은 한들한들
수줍게 홍조를 띄네.

짝짜꿍 짝짜꿍

아이들이 시냇물에서
피리 메기 잡으며 논다.
짝짜꿍 짝짜꿍.
시냇가에 놀다가
비라도 내리면 집에 가자해
아쉬운 맘 오죽하랴.

참새 노래

동네마을 참새들은
이리모여 우루루루루
저리 날아 우루루루루
참새 모여 짹짹 울어
우리 마음 힘을 내고
참새 날아 날갯짓 하여
우리 마음 얼쑤 좋다.
참새들은 옹기종기 모여
짹짹 울어 날갯짓하니
이리저리 날아다녀
어른들도 좋아 아이들도 좋아
개는 멍멍 고양이는 야옹
까치는 까까까
모두 어화 사랑하여.
우루루루루 참새 노닐어
우루루루루 짹짹 울어
우루루루루 날아다니어
봄이 되어 꽃을 맺고
여름 되어 비 내리니
가을이면 풍년 되어
겨울에는 이를 살아가세
모두 함께 살아가세.

청개구리

주룩주룩 가랑비 내리던 날,
청개구리는 풀잎 위에
작은 몸을 움츠리고 무슨 생각을 하고 있던건지.
양 손으로 청개구리를 보듬어 안았고,
작은 마찰에 청개구리의 사랑을 느낀다.
폴짝
보듬은 손 안에서 청개구리는 점프를 했다.
그에 손을 폈고
이윽고 청개구리는 풀 숲으로 도약한다.
비오는 날에는
청개구리의 친구가 된건지.
스파크가 튀었던 청개구리의 사랑에
따스했던 느낌은 남아 수줍게도 하는데.
집에 가는 발걸음은 가볍다.
잠이 들 때 까지도 비는 계속 내렸고,
다음 날 아침은 화창했다.
청개구리의 아침 또한 화창했을 것이라!

축복

기도에 응답하시는 그 이시라.
파랑새라 하여,
나의 영혼을 일깨우는
창조와 사랑의 축복이어라.
동화를 꿈꾸누나.

칠월 밤의 강

야밤,
고적하고 적막한 강으로
나의 맘을 애태워
다가올 계절을 기다렸거니와,
속절없이 저물고야 마는 낙화여,
오늘밤을 지새우련다.
강물은 바다로 흘러
여름밤에 춘몽이련다.
아릿한 가슴으로는
강을 좇아
하류로 흐르는 별을 헤는가.

칠월 아침

이른 아침,
고적한 풍경에
오래된 꿈 드리우고선,
바이 없다 하여라.

풀 노래

녹색 옷을
모시 입어
청사초롱
밝히우니.
내 님이야
사랑이야
어화둥둥
업으련다.
풀은 내어
지천이요
하늘 아래
들이로라.
고운 임을
오직 띠어
내맘 알까
애틋하랴.

풀을 세어
임 어딘고
언제고야
오시려나.
해야
뉘엿뉘엿하니
보고싶어
처량할까.

하늘창가

가슴에 묻어둔 추억들 꺼내어
떠올려 보는 시간은 그리웁더라.
이는 지나가리라.
나의 그리움을 목전에 두고도
깨닳지 못하는 해후.
나의 영은 쉬이 뉘일 곳을 찾아
헤메었건마는,
아니라.
지금을 부인하여 쉴곳 못찾고.
나는 가까스로
안락한 이곳에 누워서는
잠이 들려 했구나.

하루살이

날갯짓하는 혼신은
하루가 모질다 할지언정,
꽃길 위에 아름다우려 하네.
허나 불빛 아래를 흐르고 흘러
끝없는 강을 건너려 하면,
하루에 살아 힘겹던 혼신을
이제 고이 묻으오리다.

해질녘

홍빛 하늘 너머로
꿈은 오라 하노라.
드리우는 맑은 밤하늘,
별빛들은 빛나여 소망을 품고.
기도하는 노스텔지아여.
사랑의 바다는 넘실대어
나는 그곳에 살았네라.
이제는 설움 묻고
가슴 속에 아득히 바라온
봄을 오라 하노라.

향수

마을 위에는 실개천이 흐르고
들이 넘실대누나.
가을이면 이삭 익어가는 소리 들려와
어린 마음에 사무치어 동경하네.
이제는 그립기도 했을까.
들녘바람 불어오는 아이들이 뛰놀던 곳.
들바람 쫓아 먼 길 떠나면
저녁노을 저물기까지
어딜 그리 바삐 돌아다녔을지.
새카맣게 그슬린 아이들의 얼굴에는
노을빛 드리우고.
먼 곳은 이제 그리움 되었는지.
그리움보다 더 큰 사랑은 고이 간직 되어와,
사랑했던 나날들 아름다웠네.

꽃노래

1판1쇄 2024년 12월 24일

저자 장우석
발행인 이경화

발행처 디자인21
주소 04560 서울특별시 중구 퇴계로 293-1 3층
전화 02-2269-6561(대)
팩스 02-2269-6568
이메일 21publish@naver.com
블로그 https://blog.naver.com/publish21
인스타 https://www.instagram.com/21publish.co.kr
홈페이지 https://21publish.co.kr

등록번호 제1-1128호
등록일자 1991.2.12

ISBN 978-89-6131-162-5 03810

정가 10,000원